A Crabtree Roots Book

Un libro de Las Raíces de Crabtree

DOCTOR

People I Meet
La gente que conozco

DOUGLAS BENDER

Traducción de Pablo de la Vega

Crabtree Publishing

crabtreebooks.com

School-to-Home Support for Caregivers and Teachers

This book helps children grow by letting them practice reading. Here are a few guiding questions to help the reader with building his or her comprehension skills. Possible answers appear here in red.

Before Reading:

- What do I think this book is about?
  - *This book is about doctors.*
  - *This book is about what a doctor does at work.*
- What do I want to learn about this topic?
  - *I want to learn where a doctor works.*
  - *I want to learn what a doctor does.*

During Reading:

- I wonder why...
  - *I wonder why some people become doctors.*
  - *I wonder why some doctors work outside of hospitals.*
- What have I learned so far?
  - *I have learned that doctors help when people feel sick.*
  - *I have learned that some doctors work in hospitals.*

After Reading:

- What details did I learn about this topic?
  - *I have learned that doctors can work in many different places.*
  - *I have learned that doctors help people who are sick or hurt.*
- Read the book again and look for the vocabulary words.
  - *I see the word* ***sick*** *on page 4 and the word* ***hospital*** *on page 8. The other vocabulary words are found on page 14.*

This is a **doctor**.
Él es un **doctor**.

A doctor helps people when they are **sick**.

Un doctor ayuda a la gente **enferma**..

This doctor gives a **shot**.

Esta doctora pone una **inyección**.

This doctor is in a **hospital**.

Esta doctora está en un **hospital**.

All doctors can give people **medicine**.

Todos los doctores pueden dar **medicinas** a las personas.

Do you know a doctor?
¿Conoces a algún doctor?

Words to Know
Palabras para conocer

doctor
doctor

hospital
hospital

medicine
medicinas

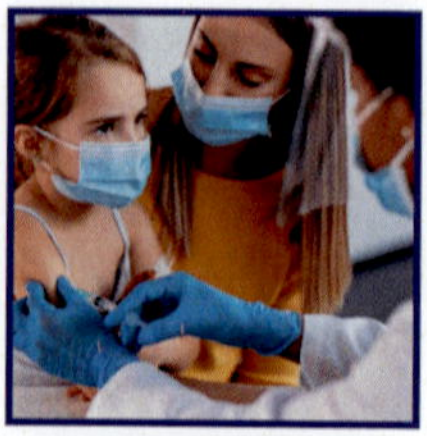

shot
inyección

sick
enferma

34 Words

This is a **doctor**.

A doctor helps people when they are **sick**.

This doctor gives a **shot**.

This doctor is in a **hospital**.

All doctors can give people **medicine**.

Do you know a doctor?

35 Palabras

Él es un **doctor**.

Un doctor ayuda a la gente **enferma**.

Esta doctora pone una **inyección**.

Esta doctora está en un **hospital**.

Todos los doctores pueden dar **medicinas** a las personas.

¿Conoces a algún doctor?

People I Meet

DOCTOR

La gente que conozco

DOCTOR

Crabtree Publishing

crabtreebooks.com 800-387-7650

Written by: Douglas Bender
Translation by: Pablo de la Vega
Designed by: Rhea Wallace
Series Development: James Earley
Proofreader: Ellen Rodger
Educational Consultant: Christina Lemke M.Ed.
Production manager: Candice Campbell
Photographs: Shutterstock: Monkey Business Images: cover, p. 1, 3, 14; Syda Productions: p. 5, 14; Drazen Zigic: p. 7, 14; Gorodenkoff: p. 8-9, 14; wavebreakmedia: p. 11, 14; Light ieldstudio: p. 13

Published in Canada
Crabtree Publishing
616 Welland Ave.
St. Catharines, Ontario
L2M 5V6

Published in the United States
Crabtree Publishing
347 Fifth Avenue,
Suite 1402-145
New York, NY, 10016

Library and Archives Canada Cataloguing in Publication
Available at the Library and Archives Canada

Library of Congress Cataloging-in-Publication Data
Available at the Library of Congress

Paperback: 9781039624627
Ebook: 9781039625464
Epub: 9781039625044

Printed in the U.S.A./CP122025

"… creemos que cualquier lector que esté en la necesidad de vencer sus demonios personales – o quien desea ayudar a otros con los suyos – encontrará este libro invaluable". (Extracto de Foreword)

Brad y Sherry Steiger
Autores, *Milagros Reales, Intervención Divina,* y *Hazañas de Supervivencia Increíble*

"Es estimulante tener una autora que admita la necesidad de un 'entrenamiento espiritual apropiado' para guerreros que entran en la batalla. Batallas con demonios: no sólo en el mundo físico sino también en el plano espiritual. Debemos aprender a usar armas como 'energía, compasión, telepatía, y presencia' así como las herramientas físicas a nuestra disposición".

Oficial Eric Saavedra, WPD
Especialista en Intervención de Crisis

"Tracee Dunblazier explica claramente cómo no sólo evadir los frustrantes, enloquecedores, desmoralizadores demonios que nos confrontan en nuestras vidas sino también cómo hacerles frente, siempre y cuando estemos listos, en formas de autosoporte. De dónde vienen estos demonios, qué quieren, y cómo enviarlos por su camino son algunas cosas que vas a descubrir en esta fascinante lectura. Las historias personales que presenta la señorita Dunblazier son pruebas de fuego de su propio viaje dispuestas como lecciones valiosas y motivadoras para todos nosotros, descritas de una forma clarividente, en una voz no sentimental (pero que te tocará). Su énfasis en el perdón y el amor es poderosa, importante, y desmonta una sabiduría acumulada de todos los guerreros cautivadoramente descritos. Definitivamente es un libro que debes leer!"

Stephen J. Miller
Autor, *Poseedores de Mana'an*

"AMO a este libro! Pensé que iba a ser un poco 'de afuera' incluso para mí pero es tan práctico y te da grandes pasos realisticos para batallar las energías negativas. Una semana después de colocar en práctica los tips de Tracee con humor, me sentí mucho más conectada a la tierra en mi trabajo. No puedo esperar a implementar algunos de sus otros prácticos tips. Leeré de nuevo este libro - y las secciones de este libro - muchas veces. Es profundo!".

Sharon Kay King
Blogger sobre estilos de vida, Midlifemoments.me

"No importa dónde comiences o qué traes, este libro es esclarecedor, conmovedor y empoderador!! Amo el estilo de Tracee que es abierto, sin juicios e inclusivo que motiva a los lectores a perseguir su propio viaje personal, a la vez que comparten el de ella. El coraje de Tracee para compartir atrae al lector y a la vez, provee un sentido de normalidad y fuerza para seguir adelante, sin importar el tipo de demonio que el lector esté enfrentando. Amo este libro, y fue triste cuando lo terminé; no puedo esperar para leer la segunda parte. Altamente recomendado!!".

Cristina Barbosa
Vancouver, Canadá